COLLECTION **POÉSIE**

D1612527

RAINER MARIA RILKE

Vergers
Les Quatrains valaisans
Les Roses
Les Fenêtres
Tendres impôts à la France

PRÉFACE
DE PHILIPPE JACCOTTET

GALLIMARD

« UNE VOIX, PRESQUE MIENNE... »

*La question qui traverse Rilke en janvier 1912 à Duino
et sur laquelle s'ouvre la* Première Élégie :

Qui, si je criais, m'entendrait donc, parmi
les cohortes des anges...,

*question où s'exprime l'angoisse de la rupture entre ciel et
terre, du chant sans écho, de la plainte errante, du cri perdu,
Rilke a su tout de suite qu'elle était au centre de son œuvre,
et qu'autour d'elle s'ordonneraient non seulement sa poésie,
mais sa vie. De là l'importance accordée d'emblée par lui
au projet des Élégies seulement commencé, ébauché en 1912.
Or, à peine retombé l'élan de ce début, sa voix semble s'étran-
gler ; c'est comme s'il ne pouvait plus, non seulement chanter,
célébrer comme il le voudrait, mais se plaindre, questionner,
bégayer même : faute d'échange avec le monde, le dehors,
faute d'amour, pense-t-il à bon droit. La guerre, qui concrétise
brutalement, cruellement, la fin ou l'altération de tout échange,
finit par réduire ce poète si naturellement fécond au mutisme
absolu. Jusqu'à ce que la paix revenue et un semblant d'équilibre
reconquis permettent enfin, après dix ans d'attente, en février
1922, à l'abri des murs de Muzot, l'achèvement triomphal
des Élégies, encore enrichies d'un complément inespéré, les
Sonnets à Orphée.*

Aux pires moments de crise intérieure, et jusque dans l'apparente dispersion de ses nombreux voyages, Rilke, au cours des années 1912 à 1922, avait pu rester immuablement « centré » grâce à cette volonté inébranlable d'accomplir le cycle des Élégies, c'est-à-dire, au fond, de répondre, d'une manière ou d'une autre, à la question presque désespérée qui en avait été la source. L'œuvre achevée, et bien qu'il ait enfin trouvé en Muzot un port d'attache, une espèce de patrie, il se trouve, paradoxalement, comme privé de centre; détendu certes, heureux et fier d'abord, allégé; mais aussi plus flottant, plus désarmé; et, quand la maladie viendra, comme saisi de stupeur et sans défense.

On ne s'expliquerait pas, autrement, qu'il ait pu consacrer tant de temps et d'efforts à traduire alors Valéry (poète, au surplus, si peu « rilkéen »), ni qu'il ait pris tant de plaisir à essayer de parler lui-même dans une autre langue que celle qu'il avait portée, selon le mot de Musil, à un tel point de perfection.

Cela dit, que Rilke, dans ce moment plus détendu, plus distrait de sa vie, décidant d'abandonner par jeu sa langue natale, ait choisi de le faire en faveur du français, rien n'est plus naturel. Non seulement il avait reconnu depuis longtemps la dette profonde contractée envers la France dès ses premiers séjours à Paris, à partir de 1902; mais la guerre lui avait rendu le monde germanique sensiblement plus étranger qu'autrefois. Et depuis son installation à Muzot, vivant dans un pays de langue française, son attention s'était plus que jamais tournée vers la France, cependant que celle-ci, grâce à la traduction des Cahiers de Malte *par Maurice Betz, grâce à Gide, à Valéry, à Jaloux, à quelques autres, commençait, pour sa plus grande joie, à le découvrir et à lui rendre hommage.*

★

Il semble qu'il y ait eu en Allemagne, après la parution de Vergers, *des « mouvements divers » assez insistants pour décider Rilke à s'expliquer, notamment auprès du critique zurichois Édouard Korrodi, sur les raisons et le sens de ce qu'il appelle un travail « marginal ». Il lui écrit notamment ceci : « S'il en résulte aujourd'hui la parution imminente d'un choix (dû à mes amis) de mes vers français, c'est qu'une série de circonstances m'ont converti à cet accord et à ce risque. Le désir, avant tout, d'offrir au canton du Valais le témoignage d'une reconnaissance plus que privée pour tout ce que j'ai reçu (du pays et des gens). Ensuite, celui d'être plus visiblement lié, à titre de modeste écolier et d'immodeste obligé, à la France et à l'incomparable Paris, qui représentent tout un monde dans mon évolution et mes souvenirs. Et, à l'arrière-plan, la pensée que ne pourrait guère réussir jamais pour ma poésie ce qui vient d'être atteint pour la prose des* Cahiers de M. L. Brigge : *une transposition vraiment fidèle et légitime. Par Maurice Betz : en préparation chez Émile-Paul frères, Paris, rue de l'Abbaye 14. La connaissance que l'on prend de mon travail par cette traduction risque finalement d'être mieux complétée par mes vers français (même si on ne voit en eux qu'une " curiosité ") que par tout effort pour donner de la structure allemande de mes poèmes adultes une imprécise approximation française* [1]. » *(Sur ce dernier point, et quelque difficulté que doive reconnaître à la traduction des poèmes de Rilke quiconque s'y est essayé, je ne crois pas qu'il ait eu raison.) Mais, tout cela ayant été dit, il faut essayer de lire cette œuvre marginale d'un regard juste, sans en exagérer ni en sous-estimer le prix.*

---

1. Rilke, *Correspondance*, Paris, Le Seuil, 1976, p. 606.

9

*

Ce soir mon cœur fait chanter
des anges qui se souviennent...
Une voix, presque mienne,
par trop de silence tentée,

monte et se décide
à ne plus revenir;
tendre et intrépide,
à quoi va-t-elle s'unir?

C'est le premier poème de Vergers, *écrit autour du 1ᵉʳ février
1924; il dit, avec une espèce de joie étonnée et reconnaissante,
que la poésie recommence, que l'excès du silence est rompu;
en fait, pour Rilke comme pour beaucoup d'autres poètes, que
le souffle, que la vie vous sont rendus. Parce que l'on a cessé
d'être enfermé en soi-même. Certes, ce n'est qu'une voix
« presque mienne », elle tremble un peu, mal assurée, frêle,
un rien trop tendre peut-être; mais la question qu'elle pose
en s'élevant, en s'écoutant s'élever une fois encore pour « ne
plus revenir », c'est-à-dire en « se risquant », n'est-ce pas un
écho affaibli, mais légitime, de celle, infiniment plus ample
et plus tendue, sur quoi s'est ouverte, douze ans plus tôt, la*
Première Élégie, *plus haut citée : «* Qui, si je criais, m'enten-
drait donc... » ? *Une fois de plus, même au moment d'aborder
un cycle de poèmes plus modestes et, apparemment au moins,
plus gratuits, la question est posée : cette voix qui s'élève
comme une fumée va-t-elle se perdre dans un espace vide, ou
peut-il y avoir, du ciel à la terre, une réponse, ou un retour?*

Continue-t-on à feuilleter Vergers, *on a l'impression de
surprendre Rilke dans son travail secret de poète : le ton
une fois donné, le voici qui recommence à regarder les choses*

autour de lui, qui les accueille de nouveau dans leur plus grande dimension et leurs « échanges imperceptibles ». D'abord les choses les plus proches, celles de la chambre où il se tient : c'est la lampe, c'est la table du repas, ce sont ses propres mains (et le plaisir de trouver le mot paume où l'allemand n'a qu'un explicite et banal intérieur-de-main). Dans le silence favorable du cœur, c'est comme si elles apparaissaient soudain, alors que longtemps on avait cessé de les voir ; non plus isolées, opaques, vides, muettes, mais remises à leur place dans un réseau d'ondes qui s'amplifient jusqu'aux astres les plus lointains, sans qu'elles perdent rien pour autant de leur modestie, de leur fragilité.

Et quand on a retrouvé ainsi sa chambre, non plus tombe ou prison, mais abri et foyer, on peut aussi sortir dans cette autre chambre plus vaste, plus poreuse, le verger (pour le seul beau nom de laquelle Rilke dit avoir été tenté d'écrire en français) ; et y poursuivre avec une joie encore plus aérienne la redécouverte du grand réseau presque invisible qui tisse le Weltinnenraum, l'espace continu entre dehors et dedans où ce fut toujours le rêve profond de Rilke de pénétrer, ce qu'il a nommé aussi ailleurs l' « espace angélique ».

Ainsi, cette voix « presque mienne » d'un poète qui, pour une fois, joue plus qu'il n'œuvre avec elle, jamais ne sort de l'espace propre à sa poésie. Et quand Rilke, non content de se promener simplement dans sa chambre, dans son verger et sur les chemins de ce Valais qui lui convient d'être « arrêté à mi-chemin | entre la terre et les cieux », approfondit sa rêverie, c'est encore sur ces choses qu'il a toujours privilégiées parce qu'il y trouvait comme des nœuds de cet espace : autrefois l'arbre, la fontaine (qui revient une fois ou deux ici), maintenant la paume de la main, tel un berceau d'astres qui, en le quittant, y auraient laissé leurs traces, le miroir, la rose, la fenêtre — choses qui, sous son regard d'alors, restent moins des choses qu'elles ne deviennent le lieu de certains rapports : la rose autour de qui l'espace « fait la roue », la rose qui est le lieu de la « pure contradiction » : « sainte nue », « musique des yeux », « pas odorants » et surtout « Narcisse exaucé »; la fenêtre qui, par son cadre, en une lointaine réponse à Mallarmé, abolit « tous les hasards », espèce de miroir plus parfait puisque le reflet de celui qui s'y mire se mêle au monde vu au travers. L'une et l'autre, rose et fenêtre, comme la fontaine ou l'arbre, constituant (faut-il le préciser ?) des modèles de poèmes, c'est-à-dire (faut-il le rappeler ?) des modèles de l'existence pleine. Telle, ailleurs, cette tombe d'enfant, comprise comme un « intervalle » sonore autour duquel « on fera le chant de l'été »...

*

La voix des poèmes français est donc bien toujours la voix de Rilke, jusqu'au bout. Mais le « presque », l'écart entre la voix natale et la voix « prêtée », comment se traduit-il ?

Assez souvent, il ne faut pas le cacher, et comme dans les lettres écrites en français, par une aggravation du maniérisme qui est, chez Rilke, la rançon du raffinement de la sensibilité. Insouciant et léger, un peu comme quelqu'un qui porte un masque, maintenant qu'il joue avec une langue autre que la sienne, il n'échappe pas toujours au risque évident que, sur ce nouveau registre, moins grave, le subtil devienne ingénieux, le délicat mièvre, le léger futile. Mais l'enjouement, l'insouciance peuvent aussi faire de la gratuité une vraie grâce, au sens le plus haut; et accorder à Rilke, dans ce bref répit avant la maladie qui l'emportera, le pouvoir d'enfin « dire le simple » comme il en était venu à le souhaiter, de célébrer sans solennité, loin de toute extase, l' « ici », de faire s'élever à travers la langue française (en lointain frère de Verlaine, de Supervielle) cet air de flûte, entre la terre rude et le ciel limpide :

Chemins qui ne mènent nulle part
entre deux prés,
que l'on dirait avec art
de leur but détournés,
chemins qui souvent n'ont
devant eux rien d'autre en face
que le pur espace
et la saison.

Philippe Jaccottet

Vergers

Ce soir mon cœur fait chanter
des anges qui se souviennent...
Une voix, presque mienne,
par trop de silence tentée,

monte et se décide
à ne plus revenir;
tendre et intrépide,
à quoi va-t-elle s'unir?

Lampe du soir, ma calme confidente,
mon cœur n'est point par toi dévoilé;
(on s'y perdrait peut-être;) mais sa pente
du côté sud est doucement éclairée.

C'est encore toi, ô lampe d'étudiant,
qui veux que le liseur de temps en temps
s'arrête, étonné, et se dérange
sur son bouquin, te regardant.

(Et ta simplicité supprime un Ange.)

Reste tranquille, si soudain
l'Ange à ta table se décide;
efface doucement les quelques rides
que fait la nappe sous ton pain.

Tu offriras ta rude nourriture,
pour qu'il en goûte à son tour,
et qu'il soulève à la lèvre pure
un simple verre de tous les jours.

Combien a-t-on fait aux fleurs
d'étranges confidences,
pour que cette fine balance
nous dise le poids de l'ardeur.

Les astres sont tous confus
qu'à nos chagrins on les mêle.
Et du plus fort au plus frêle
nul ne supporte plus

notre humeur variable,
nos révoltes, nos cris —,
sauf l'infatigable table
et le lit (table évanouie).

5

Tout se passe à peu près comme
si l'on reprochait à la pomme
d'être bonne à manger.
Mais il reste d'autres dangers.

Celui de la laisser sur l'arbre,
celui de la sculpter en marbre,
et le dernier, le pire :
de lui en vouloir d'être en cire.

Nul ne sait, combien ce qu'il refuse,
l'Invisible, nous domine, quand
notre vie à l'invisible ruse
cède, invisiblement.

Lentement, au gré des attirances
notre centre se déplace pour
que le cœur s'y rende à son tour :
lui, enfin Grand Maître des absences.

7

PAUME

A Mme et M. Albert Vulliez.

Paume, doux lit froissé
où des étoiles dormantes
avaient laissé des plis
en se levant vers le ciel.

Est-ce que ce lit était tel
qu'elles se trouvent reposées,
claires et incandescentes,
parmi les astres amis
en leur élan éternel?

Ô les deux lits de mes mains,
abandonnés et froids,
légers d'un absent poids
de ces astres d'airain.

Notre avant-dernier mot
serait un mot de misère,
mais devant la conscience-mère
le tout dernier sera beau.

Car il faudra qu'on résume
tous les efforts d'un désir
qu'aucun goût d'amertume
ne saurait contenir.

Si l'on chante un dieu,
ce dieu vous rend son silence.
Nul de nous ne s'avancè
que vers un dieu silencieux.

Cet imperceptible échange
qui nous fait frémir,
devient l'héritage d'un ange
sans nous appartenir.

C'est le Centaure qui a raison,
qui traverse par bonds les saisons
d'un monde à peine commencé
qu'il a de sa force comblé.

Ce n'est que l'Hermaphrodite
qui est complet dans son gîte.
Nous cherchons en tous les lieux
la moitié perdue de ces Demi-Dieux.

CORNE D'ABONDANCE

Ô belle corne, d'où
penchée vers notre attente ?
Qui n'êtes qu'une pente
en calice, déversez-vous !

Des fleurs, des fleurs, des fleurs,
qui, en tombant font un lit
aux bondissantes rondeurs
de tant de fruits accomplis !

Et tout cela sans fin
nous attaque et s'élance,
pour punir l'insuffisance
de notre cœur déjà plein.

Ô corne trop vaste, quel
miracle par vous se donne !
Ô cor de chasse, qui sonne
des choses, au souffle du ciel !

Comme un verre de Venise
sait en naissant ce gris
et la clarté indécise
dont il sera épris,

ainsi tes tendres mains
avaient rêvé d'avance
d'être la lente balance
de nos moments trop pleins.

FRAGMENT D'IVOIRE

Doux pâtre qui survit
tendrement à son rôle
avec sur son épaule
un débris de brebis.
Doux pâtre qui survit
en ivoire jaunâtre
à son jeu de pâtre.
Ton troupeau aboli
autant que toi dure
dans la lente mélancolie
de ton assistante figure
qui résume dans l'infini
la trêve d'actives pâtures.

LA PASSANTE D'ÉTÉ

Vois-tu venir sur le chemin la lente, l'heureuse,
celle que l'on envie, la promeneuse ?
Au tournant de la route il faudrait qu'elle soit
saluée par de beaux messieurs d'autrefois.

Sous son ombrelle, avec une grâce passive,
elle exploite la tendre alternative :
s'effaçant un instant à la trop brusque lumière,
elle ramène l'ombre dont elle s'éclaire.

Sur le soupir de l'amie
toute la nuit se soulève,
une caresse brève
parcourt le ciel ébloui.

C'est comme si dans l'univers
une force élémentaire
redevenait la mère
de tout amour qui se perd.

Petit Ange en porcelaine,
s'il arrive que l'on te toise,
nous t'avions quand l'année fut pleine,
coiffé d'une framboise.

Ça nous semblait tellement futil
de te mettre ce bonnet rouge,
mais depuis lors tout bouge
sauf ton tendre tortil.

Il est desséché, mais il tient,
on dirait parfois qu'il embaume;
couronné d'un fantôme,
ton petit front se souvient.

Qui vient finir le temple de l'Amour?
Chacun en emporte une colonne;
et à la fin tout le monde s'étonne
que le dieu à son tour

de sa flèche brise l'enceinte.
(Tel nous le connaissons.)
Et sur ce mur d'abandon
pousse la plainte.

Eau qui se presse, qui court —, eau oublieuse
que la distraite terre boit,
hésite un petit instant dans ma main creuse,
    souviens-toi!

Clair et rapide amour, indifférence,
presque absence qui court,
entre ton trop d'arrivée et ton trop de partance
    tremble un peu de séjour.

ÉROS

I

Ô toi, centre du jeu
où l'on perd quand on gagne;
célèbre comme Charlemagne,
roi, empereur et Dieu, —

tu es aussi le mendiant
en pitoyable posture,
et c'est ta multiple figure
qui te rend puissant. —

Tout ceci serait pour le mieux;
mais tu es, *en nous* (c'est pire)
comme le noir milieu
d'un châle brodé de cachemire.

II

Ô faisons tout pour cacher son visage
d'un mouvement hagard et hasardeux,
il faut le reculer au fond des âges
pour adoucir son indomptable feu.

Il vient si près de nous qu'il nous sépare
de l'être bien-aimé dont il se sert;
il veut qu'on touche; c'est un dieu barbare
que des panthères frôlent au désert.

Entrant en nous avec son grand cortège,
il y veut tout illuminé, —
lui, qui après se sauve comme d'un piège,
sans qu'aux appâts il ait touché.

III

Là, sous la treille, parmi le feuillage
il nous arrive de le deviner :
son front rustique d'enfant sauvage,
et son antique bouche mutilée...

La grappe devant lui devient pesante
et semble fatiguée de sa lourdeur,
un court moment on frôle l'épouvante
de cet heureux été trompeur.

Et son sourire cru, comme il l'infuse
à tous les fruits de son fier décor;
partout autour il reconnaît sa ruse
qui doucement le berce et l'endort.

IV

Ce n'est pas la justice qui tient la balance précise,
c'est toi, ô Dieu à l'envie indivise,
qui pèses nos torts,
et qui de deux cœurs qu'il meurtrit et triture
fais un immense cœur plus grand que nature,
qui voudrait encor

grandir... Toi, qui indifférent et superbe,
humilies la bouche et exaltes le verbe
vers un ciel ignorant...
Toi qui mutiles les êtres en les ajoutant
à l'ultime absence dont ils sont des fragments.

Que le dieu se contente de nous,
de notre instant insigne,
avant qu'une vague maligne
nous renverse et pousse à bout.

Un moment nous étions d'accord :
lui, qui survit et persiste,
et nous dont le cœur triste
s'étonne de son effort.

Dans la multiple rencontre
faisons à tout sa part,
afin que l'ordre se montre
parmi les propos du hasard.

Tout autour veut qu'on l'écoute —,
écoutons jusqu'au bout;
car le verger et la route
c'est toujours nous!

Les Anges, sont-ils devenus discrets!
Le mien à peine m'interroge.
Que je lui rende au moins le reflet
d'un émail de Limoges.

Et que mes rouges, mes verts, mes bleus
son œil rond réjouissent.
S'il les trouve terrestres, tant mieux
pour un ciel en prémisses.

Combien le pape au fond de son faste,
sans être moins vénérable,
par la sainte loi du contraste
doit attirer le diable.

Peut-être qu'on compte trop peu
avec ce mouvant équilibre;
il y a des courants dans le Tibre,
tout jeu veut son contre-jeu.

Je me rappelle Rodin
qui me dit un jour d'un air mâle
(nous prenions, à Chartres, le train)
que, trop pure, la cathédrale
provoque un vent de dédain.

C'est qu'il nous faut consentir
à toutes les forces extrêmes;
l'audace est notre problème
malgré le grand repentir.

Et puis, il arrive souvent
que ce qu'on affronte, change :
le calme devient ouragan,
l'abîme le moule d'un ange.

Ne craignons pas le détour.
Il faut que les Orgues grondent,
pour que la musique abonde
de toutes les notes de l'amour.

On a si bien oublié
les dieux opposés et leurs rites,
qu'on envie aux âmes confites
leur naïf procédé.

Il ne s'agit pas de plaire,
ni de se convertir,
pourvu que l'on sache obéir
aux ordres complémentaires.

LA FONTAINE

Je ne veux qu'une seule leçon, c'est la tienne,
fontaine, qui en toi-même retombes, —
celle des eaux risquées auxquelles incombe
ce céleste retour vers la vie terrienne.

Autant que ton multiple murmure
rien ne saurait me servir d'exemple;
toi, ô colonne légère du temple
qui se détruit par sa propre nature.

Dans ta chute, combien se module
chaque jet d'eau qui termine sa danse.
Que je me sens l'élève, l'émule
de ton innombrable nuance!

Mais ce qui plus que ton chant vers toi me décide
c'est cet instant d'un silence en délire
lorsqu'à la nuit, à travers ton élan liquide
passe ton propre retour qu'un souffle retire.

Qu'il est doux parfois d'être de ton avis,
frère aîné, ô mon corps,
qu'il est doux d'être fort
de ta force,
de te sentir feuille, tige, écorce
et tout ce que tu peux devenir encor,
toi, si près de l'esprit.

Toi, si franc, si uni
dans ta joie manifeste
d'être cet arbre de gestes
qui, un instant, ralentit
les allures célestes
pour y placer sa vie.

LA DÉESSE

Au midi vide qui dort
combien de fois elle passe,
sans laisser à la terrasse
le moindre soupçon d'un corps.

Mais si la nature la sent,
l'habitude de l'invisible
rend une clarté terrible
à son doux contour apparent.

VERGER

I

Peut-être que si j'ai osé t'écrire,
langue prêtée, c'était pour employer
ce nom rustique dont l'unique empire
me tourmentait depuis toujours : Verger.

Pauvre poète qui doit élire
pour dire tout ce que ce nom comprend,
un à peu près trop vague qui chavire,
ou pire : la clôture qui défend.

Verger : ô privilège d'une lyre
de pouvoir te nommer simplement;
nom sans pareil qui les abeilles attire,
nom qui respire et attend...

Nom clair qui cache le printemps antique,
tout aussi plein que transparent,
et qui dans ses syllabes symétriques
redouble tout et devient abondant.

II

Vers quel soleil gravitent
tant de désirs pesants ?
De cette ardeur que vous dites,
où est le firmament ?

Pour l'un à l'autre nous plaire,
faut-il tant appuyer ?
Soyons légers et légères
à la terre remuée
par tant de forces contraires.

Regardez bien le verger :
c'est inévitable qu'il pèse ;
pourtant de ce même malaise
il fait le bonheur de l'été.

III

Jamais la terre n'est plus réelle
que dans tes branches, ô verger blond,
ni plus flottante que dans la dentelle
que font tes ombres sur le gazon.

Là se rencontre ce qui nous reste,
ce qui pèse et ce qui nourrit
avec le passage manifeste
de la tendresse infinie.

Mais à ton centre, la calme fontaine,
presque dormant en son ancien rond,
de ce contraste parle à peine,
tant en elle il se confond.

IV

De leur grâce, que font-ils,
tous ces dieux hors d'usage,
qu'un passé rustique engage
à être sages et puérils ?

Comme voilés par le bruit
des insectes qui butinent,
ils arrondissent les fruits ;
(occupation divine).

Car aucun jamais ne s'efface,
tant soit-il abandonné ;
ceux qui parfois nous menacent
sont des dieux inoccupés.

V

Ai-je des souvenirs, ai-je des espérances,
        en te regardant, mon verger ?
Tu te repais autour de moi, ô troupeau d'abondance
        et tu fais penser ton berger.

Laisse-moi contempler au travers de tes branches
        la nuit qui va commencer.
Tu as travaillé ; pour moi c'était un dimanche, —
        mon repos, m'a-t-il avancé ?

D'être berger, qu'y a-t-il de plus juste en somme ?
        Se peut-il qu'un peu de ma paix
aujourd'hui soit entrée doucement dans tes pommes ?
        Car tu sais bien, je m'en vais...

VI

N'était-il pas, ce verger, tout entier,
ta robe claire, autour de tes épaules?
Et n'as-tu pas senti combien console
son doux gazon qui pliait sous ton pied?

Que de fois, au lieu de promenade,
il s'imposait en devenant tout grand;
et c'était lui et l'heure qui s'évade
qui passaient par ton être hésitant.

Un livre parfois t'accompagnait...
Mais ton regard, hanté de concurrences,
au miroir de l'ombre poursuivait
un jeu changeant de lentes ressemblances.

VII

Heureux verger, tout tendu à parfaire
de tous ses fruits les innombrables plans,
et qui sait bien son instinct séculaire
plier à la jeunesse d'un instant.

Quel beau travail, quel ordre que le tien!
Qui tant insiste dans les branches torses,
mais qui enfin, enchanté de leur force,
déborde dans un calme aérien.

Tes dangers et les miens, ne sont-ils point
tout fraternels, ô verger, ô mon frère?
Un même vent, nous venant de loin,
nous force d'être tendres et austères.

Toutes les joies des aïeux
ont passé en nous et s'amassent;
leur cœur, ivre de chasse,
leur repos silencieux

devant un feu presque éteint...
Si dans les instants arides
de nous notre vie se vide,
d'eux nous restons tout pleins.

Et combien de femmes ont dû
en nous se sauver, intactes,
comme dans l'entr'acte
d'une pièce qui n'a pas plu —,

parées d'un malheur qu'aujourd'hui
personne ne veut ni ne porte,
elles paraissent fortes
appuyées sur le sang d'autrui.

Et des enfants, des enfants!
Tous ceux que le sort refuse,
en nous exercent la ruse
d'exister pourtant.

PORTRAIT INTÉRIEUR

Ce ne sont pas des souvenirs
qui, en moi, t'entretiennent;
tu n'es pas non plus mienne
par la force d'un beau désir.

Ce qui te rend présente,
c'est le détour ardent
qu'une tendresse lente
décrit dans mon propre sang.

Je suis sans besoin
de te voir apparaître;
il m'a suffi de naître
pour te perdre un peu moins.

32

Comment encore reconnaître
ce que fut la douce vie?
En contemplant peut-être
dans ma paume l'imagerie

de ces lignes et de ces rides
que l'on entretient
en fermant sur le vide
cette main de rien.

Le sublime est un départ.
Quelque chose de nous qui au lieu
de nous suivre, prend son écart
et s'habitue aux cieux.

La rencontre extrême de l'art
n'est-ce point l'adieu le plus doux?
Et la musique : ce dernier regard
que nous jetons nous-mêmes vers nous!

Combien de ports pourtant, et dans ces ports
combien de portes, t'accueillant peut-être.
Combien de fenêtres
d'où l'on voit ta vie et ton effort.

Combien de grains ailés de l'avenir
qui, transportés au gré de la tempête,
un tendre jour de fête
verront leur floraison t'appartenir.

Combien de vies qui toujours se répondent;
et par l'essor que prend ta propre vie
en étant de ce monde,
quel gros néant à jamais compromis.

N'est-ce pas triste que nos yeux se ferment?
On voudrait avoir les yeux toujours ouverts,
pour avoir vu, avant le terme,
tout ce que l'on perd.

N'est-il pas terrible que nos dents brillent?
Il nous aurait fallu un charme plus discret
pour vivre en famille
en ce temps de paix.

Mais n'est-ce pas le pire que nos mains se cramponnent,
dures et gourmandes?
Faut-il que des mains soient simples et bonnes
pour lever l'offrande!

Puisque tout passe, faisons
la mélodie passagère;
celle qui nous désaltère,
aura de nous raison.

Chantons ce qui nous quitte
avec amour et art;
soyons plus vite
que le rapide départ.

Souvent au-devant de nous
l'âme-oiseau s'élance;
c'est un ciel plus doux
qui déjà la balance,

pendant que nous marchons
sous des nuées épaisses.
Tout en peinant, profitons
de son ardente adresse.

38

Vues des Anges, les cimes des arbres peut-être
sont des racines, buvant les cieux;
et dans le sol, les profondes racines d'un hêtre
leur semblent des faîtes silencieux.

Pour eux, la terre, n'est-elle point transparente
en face d'un ciel, plein comme un corps?
Cette terre ardente, où se lamente
auprès des sources l'oubli des morts.

Ô mes amis, vous tous, je ne renie
aucun de vous; ni même ce passant
qui n'était de l'inconcevable vie
qu'un doux regard ouvert et hésitant.

Combien de fois un être, malgré lui,
arrête de son œil ou de son geste
l'imperceptible fuite d'autrui,
en lui rendant un instant manifeste.

Les inconnus. Ils ont leur large part
à notre sort que chaque jour complète.
Précise bien, ô inconnue discrète,
mon cœur distrait, en levant ton regard.

Un cygne avance sur l'eau
tout entouré de lui-même,
comme un glissant tableau ;
ainsi à certains instants
un être que l'on aime
est tout un espace mouvant.

Il se rapproche, doublé,
comme ce cygne qui nage,
sur notre âme troublée...
qui à cet être ajoute
la tremblante image
de bonheur et de doute.

Ô nostalgie des lieux qui n'étaient point
assez aimés à l'heure passagère,
que je voudrais leur rendre de loin
le geste oublié, l'action supplémentaire!

Revenir sur mes pas, refaire doucement
— et cette fois, seul ·· tel voyage,
rester à la fontaine davantage,
toucher cet arbre, caresser ce banc...

Monter à la chapelle solitaire
que tout le monde dit sans intérêt;
pousser la grille de ce cimetière,
se taire avec lui qui tant se tait.

Car n'est-ce pas le temps où il importe
de prendre un contact subtil et pieux?
Tel était fort, c'est que la terre est forte;
et tel se plaint : c'est qu'on la connaît peu.

Ce soir quelque chose dans l'air a passé
qui fait pencher la tête;
on voudrait prier pour les prisonniers
dont la vie s'arrête.
Et on pense à la vie arrêtée...

A la vie qui ne bouge plus vers la mort
et d'où l'avenir est absent;
où il faut être inutilement fort
et triste, inutilement.

Où tous les jours piétinent sur place,
où toutes les nuits tombent dans l'abîme,
et où la conscience de l'enfance intime
à ce point s'efface,

qu'on a le cœur trop vieux pour penser un enfant.
Ce n'est pas tant que la vie soit hostile;
mais on lui ment,
enfermé dans le bloc d'un sort immobile.

Tel cheval qui boit à la fontaine,
telle feuille qui en tombant nous touche,
telle main vide, ou telle bouche
qui nous voudrait parler et qui ose à peine —,

autant de variations de la vie qui s'apaise,
autant de rêves de la douleur qui somnole :
ô que celui dont le cœur est à l'aise,
cherche la créature et la console.

44

PRINTEMPS

I

Ô mélodie de la sève
qui dans les instruments
de tous ces arbres s'élève —,
accompagne le chant
de notre voix trop brève.

C'est pendant quelques mesures
seulement que nous suivons
les multiples figures
de ton long abandon,
ô abondante nature.

Quand il faudra nous taire,
d'autres continueront...
Mais à présent comment faire
pour te rendre mon
grand cœur complémentaire?

II

Tout se prépare et va
vers la joie manifeste;
la terre et tout le reste
bientôt nous charmera.

Nous serons bien placés
pour tout voir, tout entendre;
on devra même se défendre
et parfois dire : assez!

Encor si on était dedans;
mais l'excellente place
est un peu trop en face
de ce jeu émouvant.

III

Montée des sèves dans les capillaires
qui tout à coup démontre aux vieillards
l'année trop raide qu'ils ne monteront guère
et qui en eux prépare le départ.

Leur corps (tout offensé par cet élan
de la nature brute qui ignore
que ces artères où elle bout encore
supportent mal un ordre impatient)

refuse la trop brusque aventure;
et pendant qu'il se raidit, méfiant,
pour subsister à sa façon, il rend
le jeu facile à la terre dure.

66

IV

C'est la sève qui tue
les vieux et ceux qui hésitent,
lorsque cet air insolite
flotte soudain dans les rues.

Tous ceux qui n'ont plus la force
de se sentir des ailes,
sont invités au divorce
qui à la terre les mêle.

C'est la douceur qui les perce
de sa pointe suprême,
et la caresse renverse
ceux qui résistent quand même.

V

Que vaudrait la douceur
si elle n'était capable,
tendre et ineffable,
de nous faire peur ?

Elle surpasse tellement
toute la violence
que, lorsqu'elle s'élance,
nul ne se défend.

VI

En hiver, la mort meurtrière
entre dans les maisons;
elle cherche la sœur, le père,
et leur joue du violon.

Mais quand la terre remue
sous la bêche du printemps,
la mort court dans les rues
et salue les passants.

VII

C'est de la côte d'Adam
qu'on a retiré Ève;
mais quand sa vie s'achève,
où va-t-elle, mourant?

Adam serait-il son tombeau?
Faut-il, lorsqu'elle se lasse,
lui ménager une place
dans un homme bien clos?

45

Cette lumière peut-elle
tout un monde nous rendre?
Est-ce plutôt la nouvelle
ombre, tremblante et tendre,
qui nous rattache à lui?
Elle qui tant nous ressemble
et qui tourne et tremble
autour d'un étrange appui.
Ombres des feuilles frêles,
sur le chemin et le pré,
geste soudain familier
qui nous adopte et nous mêle
à la trop neuve clarté.

Dans la blondeur du jour
passent deux chars pleins de briques :
ton rose qui revendique
et renonce tour à tour.

Comment se fait-il que soudain
ce ton attendri signifie
un nouveau complot de vie
entre nous et demain.

Le silence uni de l'hiver
est remplacé dans l'air
par un silence à ramage;
chaque voix qui accourt
y ajoute un contour,
y parfait une image.

Et tout cela n'est que le fond
de ce qui serait l'action
de notre cœur qui surpasse
le multiple dessin
de ce silence plein
d'inexprimable audace.

48

Entre le masque de brume
et celui de verdure,
voici le moment sublime où la nature
se montre davantage que de coutume.

Ah, la belle! Regardez son épaule
et cette claire franchise qui ose...
Bientôt de nouveau elle jouera un rôle
dans la pièce touffue que l'été compose.

49

LE DRAPEAU

Vent altier qui tourmente le drapeau
dans la bleue neutralité du ciel,
jusqu'à le faire changer de couleur,
comme s'il voulait le tendre à d'autres nations
par-dessus les toits. Vent impartial,
vent du monde entier, vent qui relie,
évocateur des gestes qui se valent,
ô toi, qui provoques les mouvements interchangeables !
Le drapeau étale montre son plein écusson, —
mais dans ses plis quelle universalité tacite !

Et pourtant quel fier moment
lorsqu'un instant le vent se déclare
pour tel pays : consent à la France,
ou subitement s'éprend
des Harpes légendaires de la verte Irlande.
Montrant toute l'image, comme un joueur de cartes
qui jette son atout,
et qui de son geste et de son sourire anonyme,
rappelle je ne sais quelle image
de la Déesse qui change.

LA FENÊTRE

I

N'es-tu pas notre géométrie,
fenêtre, très simple forme
qui sans effort circonscris
notre vie énorme?

Celle qu'on aime n'est jamais plus belle
que lorsqu'on la voit apparaître
encadrée de toi; c'est, ô fenêtre,
que tu la rends presque éternelle.

Tous les hasards sont abolis. L'être
se tient au milieu de l'amour,
avec ce peu d'espace autour
dont on est maître.

II

Fenêtre, toi, ô mesure d'attente,
tant de fois remplie,
quand une vie se verse et s'impatiente
vers une autre vie.

Toi qui sépares et qui attires,
changeante comme la mer, —
glace, soudain, où notre figure se mire
mêlée à ce qu'on voit à travers;

échantillon d'une liberté compromise
par la présence du sort;
prise par laquelle parmi nous s'égalise
le grand trop du dehors.

III

Assiette verticale qui nous sert
la pitance qui nous poursuit,
et la trop douce nuit
et le jour, souvent trop amer.

L'interminable repas,
assaisonné de bleu —,
il ne faut pas être las
et se nourrir par les yeux.

Que de mets l'on nous propose
pendant que mûrissent les prunes;
ô mes yeux, mangeurs de roses,
vous allez boire de la lune!

A la bougie éteinte,
dans la chambre rendue à l'espace,
on est frôlé par la plainte
de feu la flamme sans place.

Faisons-lui un subtil
tombeau sous notre paupière,
et pleurons comme une mère
son très familier péril.

C'est le paysage longtemps, c'est une cloche,
c'est du soir la délivrance si pure —;
mais tout cela en nous prépare l'approche
d'une nouvelle, d'une tendre figure...

Ainsi nous vivons dans un embarras très étrange
entre l'arc lointain et la trop pénétrante flèche :
entre le monde trop vague pour saisir l'ange
et Celle qui, par trop de présence, l'empêche.

On arrange et on compose
les mots de tant de façons,
mais comment arriverait-on
à égaler une rose?

Si on supporte l'étrange
prétention de ce jeu,
c'est que, parfois, un ange
le dérange un peu.

54

J'ai vu dans l'œil animal
la vie paisible qui dure,
le calme impartial
de l'imperturbable nature.

La bête connaît la peur;
mais aussitôt elle avance
et sur son champ d'abondance
broute une présence
qui n'a pas le goût d'ailleurs.

Faut-il vraiment tant de danger
à nos objets obscurs?
Le monde serait-il dérangé,
étant un peu plus sûr?

Petit flacon renversé,
qui t'a donné cette mince base?
De ton flottant malheur bercé,
l'air est en extase.

LA DORMEUSE

Figure de femme, sur son sommeil
fermée, on dirait qu'elle goûte
quelque bruit à nul autre pareil
qui la remplit toute.

De son corps sonore qui dort
elle tire la jouissance
d'être un murmure encor
sous le regard du silence.

LA BICHE

Ô la biche : quel bel intérieur
d'anciennes forêts dans tes yeux abonde;
combien de confiance ronde
mêlée à combien de peur.

Tout cela, porté par la vive
gracilité de tes bonds.
Mais jamais rien n'arrive
à cette impossessive
ignorance de ton front.

Arrêtons-nous un peu, causons.
C'est encore moi, ce soir, qui m'arrête,
c'est encore vous qui m'écoutez.

Un peu plus tard d'autres joueront
aux voisins sur la route
sous ces beaux arbres que l'on se prête.

59

Tous mes adieux sont faits. Tant de départs
m'ont lentement formé dès mon enfance.
Mais je reviens encor, je recommence,
ce franc retour libère mon regard.

Ce qui me reste, c'est de le remplir,
et ma joie toujours impénitente
d'avoir aimé des choses ressemblantes
à ces absences qui nous font agir.

Les Quatrains valaisans

À Madame Jeanne de Sépibus - de Preux.

PETITE CASCADE

Nymphe, se revêtant toujours
de ce qui la dénude,
que ton corps s'exalte pour
l'onde ronde et rude.

Sans repos tu changes d'habit,
même de chevelure;
derrière tant de fuite, ta vie
reste présence pure.

Pays, arrêté à mi-chemin
entre la terre et les cieux,
aux voix d'eau et d'airain,
doux et dur, jeune et vieux,

comme une offrande levée
vers d'accueillantes mains :
beau pays achevé,
chaud comme le pain !

Rose de lumière, un mur qui s'effrite —,
mais, sur la pente de la colline,
cette fleur qui, haute, hésite
dans son geste de Proserpine.

Beaucoup d'ombre entre sans doute
dans la sève de cette vigne;
et ce trop de clarté qui trépigne
au-dessus d'elle, trompe la route.

4

Contrée ancienne, aux tours qui insistent
tant que les carillons se souviennent —,
aux regards qui, sans être tristes,
tristement montrent leurs ombres anciennes.

Vignes où tant de forces s'épuisent
lorsqu'un soleil terrible les dore...
Et, au loin, ces espaces qui luisent
comme des avenirs qu'on ignore.

Douce courbe le long du lierre,
chemin distrait qu'arrêtent des chèvres;
belle lumière qu'un orfèvre
voudrait entourer d'une pierre.

Peuplier, à sa place juste,
qui oppose sa verticale
à la lente verdure robuste
qui s'étire et qui s'étale.

6

Pays silencieux dont les prophètes se taisent,
        pays qui prépare son vin;
où les collines sentent encore la Genèse
        et ne craignent pas la fin!

Pays, trop fier pour désirer ce qui transforme,
        qui, obéissant à l'été,
semble, autant que le noyer et que l'orme,
        heureux de se répéter —;

Pays dont les eaux sont presque les seules nouvelles,
        toutes ces eaux qui se donnent,
mettant partout la clarté de leurs voyelles
        entre tes dures consonnes!

7

Vois-tu, là-haut, ces alpages des anges
 entre les sombres sapins ?
Presque célestes, à la lumière étrange,
 ils semblent plus que loin.

Mais dans la claire vallée et jusques aux crêtes,
 quel trésor aérien !
Tout ce qui flotte dans l'air et qui s'y reflète
 entrera dans ton vin.

8

Ô bonheur de l'été : le carillon tinte
      puisque dimanche est en vue;
et la chaleur qui travaille sent l'absinthe
      autour de la vigne crépue.

Même à la forte torpeur les ondes alertes
      courent le long du chemin.
Dans cette franche contrée, aux forces ouvertes,
      comme le dimanche est certain!

C'est presque l'invisible qui luit
au-dessus de la pente ailée;
il reste un peu d'une claire nuit
à ce jour en argent mêlée.

Vois, la lumière ne pèse point
sur ces obéissants contours,
et, là-bas, ces hameaux, d'être loin,
quelqu'un les console toujours.

Ô ces autels où l'on mettait des fruits
avec un beau rameau de térébinthe
ou de ce pâle olivier —, et puis
la fleur qui meurt, écrasée par l'étreinte.

Entrant dans cette vigne, trouverait-on
l'autel naïf, caché par la verdure?
La Vierge même bénirait la mûre
offrande, égrainant son carillon.

II

Portons quand même à ce sanctuaire
tout ce qui nous nourrit : le pain, le sel,
ce beau raisin... Et confondons la mère
avec l'immense règne maternel.

Cette chapelle, à travers les âges,
relie d'anciens dieux aux dieux futurs,
et l'ancien noyer, cet arbre-mage,
offre son ombre comme un temple pur.

Le clocher chante :

Mieux qu'une tour profane,
je me chauffe pour mûrir mon carillon.
Qu'il soit doux, qu'il soit bon
aux Valaisannes.

Chaque dimanche, ton par ton,
je leur jette ma manne;
qu'il soit bon, mon carillon,
aux Valaisannes.

Qu'il soit doux, qu'il soit bon;
samedi soir dans les channes
tombe en gouttes mon carillon
aux Valaisans des Valaisannes.

L'année tourne autour du pivot
de la constance paysanne;
la Vierge et Sainte Anne
disent chacune leur mot.

D'autres paroles s'ajoutent
plus anciennes encor, —
elles bénissent toutes,
et de la terre sort

cette verdure soumise
qui, par un long effort,
donne la grappe prise
entre nous et les morts.

Un rose mauve dans les hautes herbes,
un gris soumis, la vigne alignée...
Mais au-dessus des pentes, la superbe
d'un ciel qui reçoit, d'un ciel princier.

Ardent pays qui noblement s'étage
vers ce grand ciel qui noblement comprend
qu'un dur passé à tout jamais s'engage
à être vigoureux et vigilant.

Tout ici chante la vie de naguère,
non pas dans un sens qui détruit le demain ;
on devine, vaillants, dans leur force première
le ciel et le vent, et la main et le pain.

Ce n'est point un hier qui partout se propage
arrêtant à jamais ces anciens contours :
c'est la terre contente de son image
et qui consent à son premier jour.

Quel calme nocturne, quel calme
nous pénètre du ciel.
On dirait qu'il refait dans la palme
de vos mains le dessin essentiel.

La petite cascade chante
pour cacher sa nymphe émue...
On sent la présence absente
que l'espace a bue.

Avant que vous comptiez dix
tout change : le vent ôte
cette clarté des hautes
tiges de maïs,

pour la jeter ailleurs;
elle vole, elle glisse
le long d'un précipice
vers une clarté-sœur

qui déjà, à son tour,
prise par ce jeu rude,
se déplace pour
d'autres altitudes.

Et comme caressée
la vaste surface reste
éblouie sous ces gestes
qui l'avaient peut-être formée.

Chemin qui tourne et joue
le long de la vigne penchée,
tel qu'un ruban que l'on noue
autour d'un chapeau d'été.

Vigne : chapeau sur la tête
qui invente le vin.
Vin : ardente comète
promise pour l'an prochain.

Tant de noir sérieux
rend plus âgée la montagne;
c'est bien ce pays très vieux
qui compte Saint Charlemagne

parmi ses saints paternels.
Mais par en haut lui viennent,
à la secrète sienne,
toutes les jeunesses du ciel.

La petite clématite se jette
en dehors de la haie embrouillée
avec ce liseron blanc qui guette
le moment de se refermer.

Cela forme le long du chemin
des bouquets où des baies rougissent.
Déjà ? Est-ce que l'été est plein ?
Il prend l'automne pour complice.

Après une journée de vent,
dans une paix infinie,
le soir se réconcilie
comme un docile amant.

Tout devient calme, clarté...
Mais à l'horizon s'étage,
éclairé et doré,
un beau bas-relief de nuages.

Comme tel qui parle de sa mère
lui ressemble en parlant,
ce pays ardent se désaltère
en se souvenant infiniment.

Tant que les épaules des collines
rentrent sous le geste commençant
de ce pur espace qui les rend
à l'étonnement des origines.

Ici la terre est entourée
de ce qui convient à son rôle
d'astre ; tendrement humiliée,
elle porte son auréole.

Lorsqu'un regard s'élance : quel vol
par ces distances pures ;
il faut la voix du rossignol
pour en prendre mesure.

Voici encor de l'heure qui s'argente,
mêlé au doux soir, le pur métal
et qui ajoute à la beauté lente
les lents retours d'un calme musical.

L'ancienne terre se reprend et change :
un astre pur survit à nos travaux.
Les bruits épars, quittant le jour, se rangent
et rentrent tous dans la voix des eaux.

Le long du chemin poussiéreux
le vert se rapproche du gris;
mais ce gris, quoique soumis,
contient de l'argent et du bleu.

Plus haut, sur un autre plan,
un saule montre le clair
revers de ses feuilles au vent
devant un noir presque vert.

À côté, un vert tout abstrait,
un pâle vert de vision,
entoure d'un fond d'abandon
la tour que le siècle défait.

26

Fier abandon de ces tours
qui pourtant se souviennent
— depuis quand jusqu'à toujours —
de leur vie aérienne.

Cet innombrable rapport
avec la clarté pénétrante
rend leur matière plus lente
et leur déclin plus fort.

Les tours, les chaumières, les murs,
même ce sol qu'on désigne
au bonheur de la vigne,
ont le caractère dur.

Mais la lumière qui prêche
douceur à cette austérité
fait une surface de pêche
à toutes ces choses comblées.

Pays qui chante en travaillant,
pays heureux qui travaille;
pendant que les eaux continuent leur chant,
la vigne fait maille pour maille.

Pays qui se tait, car le chant des eaux
n'est qu'un excès de silence,
de ce silence entre les mots
qui, en rythmes, avancent.

Vent qui prend ce pays comme l'artisan
qui, depuis toujours, connaît sa matière;
en la trouvant, toute chaude, il sait comment faire,
et il s'exalte en travaillant.

Nul n'arrêterait son élan magnifique; nul
ne saurait s'opposer à cette fougueuse audace —,
et c'est encor lui qui, prenant un énorme recul,
tend à son œuvre le clair miroir de l'espace.

Au lieu de s'évader,
ce pays consent à lui-même ;
ainsi il est doux et extrême ;
menacé et sauvé.

Il s'adonne avec ferveur
à ce ciel qui l'inspire ;
il excite son vent et attire
par lui la plus neuve primeur

de cette inédite
lumière d'outre-mont :
l'horizon qui hésite
lui arrive par bonds.

Chemins qui ne mènent nulle part
entre deux prés,
que l'on dirait avec art
de leur but détournés,

chemins qui souvent n'ont
devant eux rien d'autre en face
que le pur espace
et la saison.

Quelle déesse, quel dieu
s'est rendu à l'espace,
pour que nous sentions mieux
la clarté de sa face.

Son être dissous
remplit cette pure
vallée du remous
de sa vaste nature.

Il aime, il dort.
Forts du Sésame,
nous entrons dans son corps
et dormons dans son âme.

Ce ciel qu'avaient contemplé
ceux qui le loueront
pendant l'éternité :
bergers et vignerons,

serait-il par leurs yeux
devenu permanent,
ce beau ciel et son vent,
son vent bleu ?

Et son calme après,
si profond et si fort,
comme un dieu satisfait
qui s'endort.

34

Mais non seulement le regard
de ceux qui travaillent les champs,
celui des chèvres prend part
à parfaire le lent

aspect de la Noble Contrée.
On la contemple toujours
comme pour y rester ou pour
l'éterniser

dans un si grand souvenir
qu'aucun ange n'osera,
pour augmenter son éclat,
intervenir.

Au ciel, plein d'attention,
ici la terre raconte;
son souvenir la surmonte
dans ces nobles monts.

Parfois elle paraît attendrie
qu'on l'écoute si bien —,
alors elle montre sa vie
et ne dit plus rien.

Beau papillon près du sol,
à l'attentive nature
montrant les enluminures
de son livre de vol.

Un autre se ferme au bord
de la fleur qu'on respire — :
ce n'est pas le moment de lire.
Et tant d'autres encor,

de menus bleus, s'éparpillent,
flottants et voletants,
comme de bleues brindilles
d'une lettre d'amour au vent,

d'une lettre déchirée
qu'on était en train de faire
pendant que la destinataire
hésitait à l'entrée.

Les Roses

I

Si ta fraîcheur parfois nous étonne tant,
heureuse rose,
c'est qu'en toi-même, en dedans,
pétale contre pétale, tu te reposes.

Ensemble tout éveillé, dont le milieu
dort, pendant qu'innombrables, se touchent
les tendresses de ce cœur silencieux
qui aboutissent à l'extrême bouche.

II

Je te vois, rose, livre entrebâillé,
qui contient tant de pages
de bonheur détaillé
qu'on ne lira jamais. Livre-mage,

qui s'ouvre au vent et qui peut être lu
les yeux fermés...,
dont les papillons sortent confus
d'avoir eu les mêmes idées.

III

Rose, toi, ô chose par excellence complète
qui se contient infiniment
et qui infiniment se répand, ô tête
d'un corps par trop de douceur absent,

rien ne te vaut, ô toi, suprême essence
de ce flottant séjour;
de cet espace d'amour où à peine l'on avance
ton parfum fait le tour.

IV

C'est pourtant nous qui t'avons proposé
de remplir ton calice.
Enchantée de cet artifice,
ton abondance l'avait osé.

Tu étais assez riche, pour devenir cent fois toi-même
en une seule fleur;
c'est l'état de celui qui aime...
Mais tu n'as pas pensé ailleurs.

V

Abandon entouré d'abandon,
tendresse touchant aux tendresses...
C'est ton intérieur qui sans cesse
se caresse, dirait-on;

se caresse en soi-même,
par son propre reflet éclairé.
Ainsi tu inventes le thème
du Narcisse exaucé.

VI

Une rose seule, c'est toutes les roses
et celle-ci : l'irremplaçable,
le parfait, le souple vocable
encadré par le texte des choses.

Comment jamais dire sans elle
ce que furent nos espérances,
et les tendres intermittences
dans la partance continuelle.

VII

T'appuyant, fraîche claire
rose, contre mon œil fermé —,
on dirait mille paupières
superposées

contre la mienne chaude.
Mille sommeils contre ma feinte
sous laquelle je rôde
dans l'odorant labyrinthe.

VIII

De ton rêve trop plein,
fleur en dedans nombreuse,
mouillée comme une pleureuse,
tu te penches sur le matin.

Tes douces forces qui dorment,
dans un désir incertain,
développent ces tendres formes
entre joues et seins.

IX

Rose, toute ardente et pourtant claire,
que l'on devrait nommer reliquaire
de Sainte-Rose..., rose qui distribue
cette troublante odeur de sainte nue.

Rose plus jamais tentée, déconcertante
de son interne paix; ultime amante
si loin d'Ève, de sa première alerte —,
rose qui infiniment possède la perte.

X

Amie des heures où aucun être ne reste,
où tout se refuse au cœur amer;
consolatrice dont la présence atteste
tant de caresses qui flottent dans l'air.

Si l'on renonce à vivre, si l'on renie
ce qui était et ce qui peut arriver,
pense-t-on jamais assez à l'insistante amie
qui à côté de nous fait son œuvre de fée.

XI

J'ai une telle conscience de ton
être, rose complète,
que mon consentement te confond
avec mon cœur en fête.

Je te respire comme si tu étais,
rose, toute la vie,
et je me sens l'ami parfait
d'une telle amie.

XII

Contre qui, rose,
avez-vous adopté
ces épines ?
Votre joie trop fine
vous a-t-elle forcée
de devenir cette chose
armée ?

Mais de qui vous protège
cette arme exagérée ?
Combien d'ennemis vous ai-je
enlevés
qui ne la craignaient point.
Au contraire, d'été en automne,
vous blessez les soins
qu'on vous donne.

XIII

Préfères-tu, rose, être l'ardente compagne
de nos transports présents ?
Est-ce le souvenir qui davantage te gagne
lorsqu'un bonheur se reprend ?

Tant de fois je t'ai vue, heureuse et sèche,
— chaque pétale un linceul —
dans un coffret odorant, à côté d'une mèche,
ou dans un livre aimé qu'on relira seul.

XIV

Été : être pour quelques jours
le contemporain des roses ;
respirer ce qui flotte autour
de leurs âmes écloses.

Faire de chacune qui se meurt
une confidente,
et survivre à cette sœur
en d'autres roses absente.

XV

Seule, ô abondante fleur,
tu crées ton propre espace;
tu te mires dans une glace
d'odeur.

Ton parfum entoure comme d'autres pétales
ton innombrable calice.
Je te retiens, tu t'étales,
prodigieuse actrice.

XVI

Ne parlons pas de toi. Tu es ineffable
selon ta nature.
D'autres fleurs ornent la table
que tu transfigures.

On te met dans un simple vase —,
voici que tout change :
c'est peut-être la même phrase,
mais chantée par un ange.

XVII

C'est toi qui prépares en toi
plus que toi, ton ultime essence.
Ce qui sort de toi, ce troublant émoi,
c'est ta danse.

Chaque pétale consent
et fait dans le vent
quelques pas odorants
invisibles.

Ô musique des yeux,
toute entourée d'eux,
tu deviens au milieu
intangible.

XVIII

Tout ce qui nous émeut, tu le partages.
Mais ce qui t'arrive, nous l'ignorons.
Il faudrait être cent papillons
pour lire toutes tes pages.

Il y en a d'entre vous qui sont comme des dictionnaires;
ceux qui les cueillent
ont envie de faire relier toutes ces feuilles.
Moi, j'aime les roses épistolaires.

XIX

Est-ce en exemple que tu te proposes ?
Peut-on se remplir comme les roses,
en multipliant sa subtile matière
qu'on avait faite pour ne rien faire ?

Car ce n'est pas travailler que d'être
une rose, dirait-on.
Dieu, en regardant par la fenêtre,
fait la maison.

XX

Dis-moi, rose, d'où vient
qu'en toi-même enclose,
ta lente essence impose
à cet espace en prose
tous ces transports aériens?

Combien de fois cet air
prétend que les choses le trouent,
ou, avec une moue,
il se montre amer.
Tandis qu'autour de ta chair,
rose, il fait la roue.

XXI

Cela ne te donne-t-il pas le vertige
de tourner autour de toi sur ta tige
pour te terminer, rose ronde?
Mais quand ton propre élan t'inonde,

tu t'ignores dans ton bouton.
C'est un monde qui tourne en rond
pour que son calme centre ose
le rond repos de la ronde rose.

XXII

Vous encor, vous sortez
de la terre des morts,
rose, vous qui portez
vers un jour tout en or

ce bonheur convaincu.
L'autorisent-ils, eux
dont le crâne creux
n'en a jamais tant su?

XXIII

Rose, venue très tard, que les nuits amères arrêtent
par leur trop sidérale clarté,
rose, devines-tu les faciles délices complètes
de tes sœurs d'été?

Pendant des jours et des jours je te vois qui hésites
dans ta gaine serrée trop fort.
Rose qui, en naissant, à rebours imites
les lenteurs de la mort.

Ton innombrable état te fait-il connaître
dans un mélange où tout se confond,
cet ineffable accord du néant et de l'être
que nous ignorons?

XXIV

Rose, eût-il fallu te laisser dehors,
chère exquise?
Que fait une rose là où le sort
sur nous s'épuise?

Point de retour. Te voici
qui partages
avec nous, éperdue, cette vie, cette vie
qui n'est pas de ton âge.

Les Fenêtres

À Mouky et à Baladine.

I

Il suffit que, sur un balcon
ou dans l'encadrement d'une fenêtre,
une femme hésite..., pour être
celle que nous perdons
en l'ayant vue apparaître.

Et si elle lève les bras
pour nouer ses cheveux, tendre vase :
combien notre perte par là
gagne soudain d'emphase
et notre malheur d'éclat!

II

Tu me proposes, fenêtre étrange, d'attendre ;
déjà presque bouge ton rideau beige.
Devrais-je, ô fenêtre, à ton invite me rendre ?
Ou me défendre, fenêtre ? Qui attendrais-je ?

Ne suis-je intact, avec cette vie qui écoute,
avec ce cœur tout plein que la perte complète ?
Avec cette route qui passe devant, et le doute
que tu puisses donner ce trop dont le rêve m'arrête ?

III

N'es-tu pas notre géométrie,
fenêtre, très simple forme
qui sans effort circonscris
notre vie énorme?

Celle qu'on aime n'est jamais plus belle
que lorsqu'on la voit apparaître
encadrée de toi; c'est, ô fenêtre,
que tu la rends presque éternelle.

Tous les hasards sont abolis. L'être
se tient au milieu de l'amour,
avec ce peu d'espace autour
dont on est maître.

IV

Fenêtre, toi, ô mesure d'attente,
tant de fois remplie,
quand une vie se verse et s'impatiente
vers une autre vie.

Toi qui sépares et qui attires,
changeante comme la mer, —
glace, soudain, où notre figure se mire
mêlée à ce qu'on voit à travers;

échantillon d'une liberté compromise
par la présence du sort;
prise par laquelle parmi nous s'égalise
le grand trop du dehors.

V

Comme tu ajoutes à tout,
fenêtre, le sens de nos rites :
Quelqu'un qui ne serait que debout,
dans ton cadre attend ou médite.

Tel distrait, tel paresseux,
c'est toi qui le mets en page :
il se ressemble un peu,
il devient son image.

Perdu dans un vague ennui,
l'enfant s'y appuie et reste;
il rêve... Ce n'est pas lui,
c'est le temps qui use sa veste.

Et les amantes, les y voit-on,
immobiles et frêles,
percées comme les papillons
pour la beauté de leurs ailes.

VI

Du fond de la chambre, du lit, ce n'était que pâleur
                              [qui sépare,
    la fenêtre stellaire cédant à la fenêtre avare
          qui proclame le jour.
Mais la voici qui accourt, qui se penche, qui reste :
après l'abandon de la nuit, cette neuve jeunesse céleste
          consent à son tour!

Rien dans le ciel matinal que la tendre amante contemple,
    rien que lui-même, ce ciel, immense exemple :
          profondeur et hauteur!
Sauf les colombes qui font dans l'air de rondes arènes,
où leur vol allumé en douces courbes promène
          un retour de douceur.

(Fenêtre matinale.)

VII

Fenêtre, qu'on cherche souvent
pour ajouter à la chambre comptée
tous les grands nombres indomptés
que la nuit va multipliant.

Fenêtre, où autrefois était assise
celle qui, en guise de tendresse,
faisait un lent travail qui baisse
et immobilise.....

Fenêtre, dont une image bue
dans la claire carafe germe.
Boucle qui ferme
la vaste ceinture de notre vue.

VIII

Elle passe des heures émues
appuyée à sa fenêtre,
tout au bord de son être,
distraite et tendue.

Comme les lévriers en
se couchant leurs pattes disposent,
son instinct de rêve surprend
et règle ces belles choses

que sont ses mains bien placées.
C'est par là que le reste s'enrôle.
Ni les bras, ni les seins, ni l'épaule,
ni elle-même ne disent : assez!

IX

Sanglot, sanglot, pur sanglot!
Fenêtre, où nul ne s'appuie!
Inconsolable enclos,
plein de ma pluie!

C'est le trop tard, le trop tôt
qui de tes formes décident :
tu les habilles, rideau,
robe du vide!

X

C'est pour t'avoir vue
penchée à la fenêtre ultime,
que j'ai compris, que j'ai bu
tout mon abîme.

En me montrant tes bras
tendus vers la nuit,
tu as fait que, depuis,
ce qui en moi te quitta,
me quitte, me fuit...

Ton geste, fut-il la preuve
d'un adieu si grand,
qu'il me changea en vent,
qu'il me versa dans le fleuve?

Tendres impôts à la France

(Muzot, commencement 1924)

LE DORMEUR

Laissez-moi dormir, encore... C'est la trêve
pendant de longs combats promise au dormeur;
je guette dans mon cœur la lune qui se lève,
bientôt il ne fera plus si sombre dans mon cœur.

Ô mort provisoire, douceur qui nous achève,
mesure de mes cimes, très juste profondeur,
limbes de tout mon sang, et innocence des sèves,
dans toi, à sa racine, ma peur même n'est pas peur.

Mon doux seigneur Sommeil, ne faites pas que je rêve,
et mêlez en moi mes ris avec mes pleurs;
laissez-moi diffus, pour que l'interne Ève
ne sorte de mon flanc en son hostile ardeur.

PÉGASE

Cheval ardent et blanc, fier et clair Pégase,
après ta course —, ah! que ton arrêt est beau!
Sous toi, cabré soudain, le sol que tu écrases
avale l'étincelle et donne de l'eau!

La source qui jaillit sous ton sabot dompteur,
à nous, qui l'attendons, est d'un secours suprême;
sens-tu que sa douceur impose à toi-même?
Car ton cou vigoureux apprend la courbe des fleurs.

Qu'est-ce que les Rois Mages
ont-ils pu apporter?
Un petit oiseau dans sa cage,
une énorme Clef

de leur lointain royaume, —
et le troisième du baume
que sa mère avait préparé
d'une étrange lavande

de chez eux.
Faut pas médire de si peu,
puisque ça a suffi à l'enfant
pour devenir Dieu.

<4>

À UNE AMIE

Combien cœur de Marie est exposé,
non seulement au soleil et à la rosée :
tous les sept glaives l'ont trouvé.
Combien cœur de Marie est exposé.

Ton cœur pourtant me semble plus à l'abri,
malgré le malheur qui en a tant envie,
il est moins exposé que le cœur de Marie.

Le corps de Marie ne fut point une chose;
ta poitrine sur ton cœur est beaucoup plus close,
et même si ta douleur veut qu'il s'expose :
il n'est jamais plus exposé qu'une rose.

‹ 5 ›

Restons à la lampe et parlons peu;
tout ce qu'on peut dire ne vaut pas l'aveu
du silence vécu; c'est comme le creux
d'une main divine.
Elle est vide, certes, la main, cette main;
mais une main ne s'ouvre jamais en vain,
et c'est elle qui nous combine.

Ce n'est pas la nôtre : nous précipitons
les choses lentes. C'est déjà l'action
qu'une main qui se montre. Regardons
la vie qui en elle afflue.
Celui qui bouge n'est pas le plus fort.
Il faut admirer son tacite accord
avant que la force remue.

<6>

« L'INDIFFÉRENT »
(Watteau)

Ô naître ardent et triste,
mais, à la vie convoqué,
être celui qui assiste,
tendre et bien habillé,

à la multiple surprise
qui ne vous engage point,
et, bien mis, à la bien mise
sourire de très loin.

<7>

PRIÈRE
DE LA TROP PEU INDIFFÉRENTE

Aidez les cœurs, si soumis et si tendres, —
tout cela blesse!
Qui saurait bien la tendresse défendre
de la tendresse.

Pourtant la lune, clémente déesse,
ne blesse aucune.
Ah, de nos pleurs où elle tombe sans cesse,
sauvez la lune!

Reste tranquille, si soudain
l'Ange à ta table se décide;
efface doucement les quelques rides
que fait la nappe sous ton pain.

Tu offriras ta rude nourriture
pour qu'il en goûte à son tour,
et qu'il soulève à sa lèvre pure
un simple verre de tous les jours.

Ingénuement, en ouvrier céleste,
il prête à tout une calme attention;
il mange bien en imitant ton geste,
pour bien bâtir à ta maison.

Il faut croire que tout est bien, si tant
de calme suit à tant d'inquiétude;
la vie, à nous, se passe en prélude,
mais parfois le chant qui nous surprend
nous appartient, comme à son instrument.

Main inconnue... Au moins est-elle heureuse,
lorsqu'elle parvient à rendre mélodieuses
nos cordes? — Ou l'a-t-on forcée
de mêler même aux sons de la berceuse
tous les adieux inavoués?

Ce soir mon cœur fait chanter
des anges qui se souviennent...
Une voix, presque mienne,
par trop de silence tentée,

monte et se décide
à ne plus revenir;
tendre et intrépide,
à quoi va-t-elle s'unir?

Lampe du soir, ma calme confidente,
mon cœur n'est point par toi dévoilé;
on s'y perdrait peut-être; mais sa pente
du côté sud est doucement éclairée.

C'est encore toi, ô lampe d'étudiant,
qui veut que le liseur de temps en temps
s'arrête étonné et se dérange
sur son bouquin, te regardant.

(Et ta simplicité supprime un Ange.)

<12>

Parfois les amants ou ceux qui écrivent
trouvent des mots qui, bien qu'ils s'effacent,
laissent dans un cœur une place heureuse
à jamais pensive...

Car il en naît sous tout ce qui passe
d'invisibles persévérances ;
sans qu'ils creusent aucune trace
quelques-uns restent des pas de la danse.

L'aurai-je exprimé, avant de m'en aller,
ce cœur qui, tourmenté, consent à être?
Étonnement sans fin, qui fus mon maître,
jusqu'à la fin t'aurai-je imité?

Mais tout surpasse comme un jour d'été
le tendre geste qui trop tard admire;
dans nos paroles écloses, qui respire
le pur parfum d'identité?

Et cette belle qui s'en va, comment
la ferait-on passer par une image?
Son doux ruban flottant vit davantage
que cette ligne qui s'éprend.

TOMBEAU

(dans un parc)

Dors au fond de l'allée,
tendre enfant, sous la dalle;
on fera le chant de l'été
autour de ton intervalle.

Si une blanche colombe
passait au vol là-haut,
je n'offrirais à ton tombeau
que son ombre qui tombe.

De quelle attente, de quel
regret sommes-nous les victimes,
nous qui cherchons des rimes
à l'unique universel ?

Nous poursuivons notre tort
en obstinés que nous sommes ;
mais entre les torts des hommes
c'est un tort tout en or.

VIE DE RILKE

1875-1926

1875. 4 décembre : naissance à Prague. Rilke s'attribuait volontiers une ascendance de noblesse carinthienne ; il semble en fait que cette ascendance ait été purement imaginaire. Le père, ancien officier, fait une carrière médiocre et se retrouve employé dans une compagnie de chemins de fer. La mésentente règne entre le père et la mère et le couple se dissout. La mère, Phia Rilke, dévote et coquette à la fois, s'éloigne ; Rainer Maria souffre de cette absence et d'un amour maternel insuffisant : les œuvres de sa jeunesse en portent de nombreux témoignages.

1882. Entrée à l'école primaire des piaristes.

1886. Fin septembre : entrée à l'école des cadets de Sankt-Pölten, en Autriche, puis,

1890. à l'école militaire supérieure de Weisskirchen en Moravie. Premières publications de vers et de prose dans diverses revues.

1891. Septembre : Rilke quitte Weisskirchen pour l'école de commerce de Linz.

1892. Retour à Prague. Rilke se prépare à l'examen de maturité par des leçons particulières.

1895. 9 juillet : examen de maturité à Prague.
Semestre d'hiver : université de Prague (littérature, histoire, philosophie, histoire de l'art).

1896. Fin septembre : départ pour Munich, où Rilke s'inscrit à l'université. Rédaction des premières poésies, qui figureront dans *Offrande aux Lares, Couronne de rêve, Avent;* ainsi que du journal *Wegwarten*, destiné à être distribué gratuitement.

1897. Rencontre avec Lou Andreas Salomé, de treize ans son aînée.
Juin-juillet : séjour auprès de Lou à Wolfratshausen, près de Munich.
Début octobre : Rilke suit Lou Andreas Salomé dans la banlieue berlinoise, où il reste, avec des interruptions, jusqu'en mars 1901.

1898. Publication de divers récits, dont plusieurs constitueront les recueils *Au fil de la vie, Deux histoires pragoises*.
Avril-mai : voyage à Florence et Viareggio.
Décembre : chez Heinrich Vogeler à Worpswede, près de Brême, dans une colonie d'artistes.

1899. D'avril à juin : premier voyage en Russie, en compagnie de Lou et de son mari Carl Andreas.
27 avril : rencontre avec Tolstoï, à qui les voyageurs sont recommandés par le peintre Leonid Pasternak.
Au retour, rédaction de la première partie du *Livre d'heures (Le Livre de la vie monastique)*.

1900. De mai à fin août : deuxième voyage en Russie ; nouvelle rencontre avec Tolstoï à Iasnaïa Poliana.
Au retour de ce voyage, fin de la première période des relations avec Lou Andreas Salomé.
27 août : arrivée à Worpswede.
Publication des *Histoires du Bon Dieu*.

1901. Mars : mariage avec Clara Westhoff, qu'il a connue à Worpswede.
Rédaction de la deuxième partie du *Livre d'heures (Le Livre du pèlerinage)*.
12 décembre : naissance d'une fille, Ruth Rilke.

1902. D'abord à Westerwede, près de Worpswede. Rédaction de la monographie *Worpswede*.
Fin août : départ pour Paris (où il restera jusqu'en mars 1903), avec l'intention d'écrire une monographie sur Rodin (dont la première partie est publiée en 1903).
Rédaction des récits qui constituent le recueil *Les Derniers* et composition d'un grand nombre des poésies du *Livre d'images*.

1903. Avril : Rilke quitte Paris (pour y retourner quelques mois plus tard) jusqu'en 1905.
Composition du *Livre d'images* et des premières pièces des *Nouveaux poèmes*.
Troisième partie du *Livre d'heures (Le Livre de la pauvreté et de la mort)*, écrite à Viareggio.

Lettres à un jeune poète.
Mi-décembre : Rome (jusqu'en juin 1904).

1904. Rome, puis, à partir de juin, séjour en Scandinavie, où Rilke
est invité dans deux maisons amies.
Février, à Rome, début de la rédaction des *Carnets de Malte
Laurids Brigge*, en même temps que sont conçus quelques-
uns des *Nouveaux poèmes*.

1905. Divers séjours en Allemagne.
Septembre : installation à Meudon, chez Rodin.
Octobre et novembre : tournée de conférences (sur Rodin).

1906. Deuxième tournée de conférences.
Mars : mort du père de Rilke.
Vers la mi-mai : brouille avec Rodin. Rilke s'installe à Paris.

1907. Publication de la monographie augmentée sur Rodin.

1907-1914. Début d'une longue période de voyages (Afrique du
Nord, Égypte, Berlin, Espagne, Venise). Travaille aux
Nouveaux poèmes et au *Requiem*. Séjour à Paris de mai à
octobre 1907, de mai 1908 à février 1910 (où, réconcilié avec
Rodin, il loge à l'hôtel Biron). Un de ces voyages (en 1909)
mène Rilke aux Saintes-Maries de la Mer, à Aix-en-Pro-
vence, à Arles, en Avignon.

1910. Rilke termine et publie les *Carnets*.
Avril : il fait connaissance de la princesse Marie de Tour et
Taxis, à Duino, au bord de l'Adriatique, entre Venise et
Trieste.

1911. Voyages.
Hiver 1911-1912 à Duino. Traduction du *Centaure* de
Maurice de Guérin.

1912. A Duino, composition des premières *Élégies*. Traduction de
« L'Amour de Madeleine ».

1913. Espagne, Paris. Traduction des *Lettres portugaises*.

1914. Traduction du *Retour de l'enfant prodigue* d'André Gide.
Relation avec la pianiste Magda von Hattingberg (Benve-
nuta).
La déclaration de guerre trouve Rilke en Allemagne, où il
reste jusqu'à la fin des hostilités, le plus souvent à Munich.
Ses papiers sont placés sous séquestre à Paris.

1916. Mobilisé à Vienne en janvier, il est libéré dès le mois de juin.

1918. Rilke reprend contact avec son éditeur Kippenberg. Traduc-
tion de « Vingt-quatre sonnets de Louise Labé ».

1919. Rilke reprend sa vie errante. Tournée de conférences en Suisse.

1920. Rilke retrouve la princesse de Tour et Taxis. Relation avec Merline (Baladine Klossowska). Relation amicale avec Werner Reinhart, un industriel de Winterthur, qui, l'année suivante, achète à son intention la tour isolée de Muzot, près de Sierre, qui sera pour plusieurs années sa résidence.

1922. Achèvement des *Élégies de Duino* et rédaction des *Sonnets à Orphée*. Mariage de Ruth Rilke en Allemagne.

1923. Muzot. Rilke travaille à des traductions de Paul Valéry.

1924. Premier séjour en clinique à Valmont, près de Montreux. Premiers poèmes en français, pour appuyer, dit Rilke, sa future demande de nationalité suisse.

1925. Séjours en Suisse et à Paris, qu'il quitte soudain pour Sierre ; nouvelle cure à Bad Ragaz.

1926. 29 décembre : Rilke succombe à une leucémie.

1927. 2 janvier : enterrement au petit cimetière de Rarogne.

NOTICE

Sur les cinq recueils que nous publions ici, seuls *Vergers* et *Les Quatrains valaisans* parurent du vivant de l'auteur : ils furent publiés tous deux dans le même volume à la NRF, en 1926. L'ouvrage comportait un portrait du poète par Baladine Klossowska, qu'il appelait « Merline » et qui fut son amie. Les trois autres recueils sont posthumes : si Rilke a préparé pour l'impression *Les Roses* et *Les Fenêtres,* ceux-ci ne parurent qu'en 1927, au lendemain de sa mort, *Les Roses* chez Stols en Hollande, avec une préface de Valéry, *Les Fenêtres* à Paris, à la Librairie de France, avec dix eaux-fortes de Baladine. Quant à *Tendres impôts à la France,* le recueil est demeuré inachevé et Rilke ne l'aurait pas fait paraître dans sa totalité. Il fut publié pour la première fois dans les *Poèmes en langue française* parus chez Insel Verlag à Wiesbaden en 1949.

Le texte que nous adoptons dans la présente édition est, pour les œuvres posthumes, celui qu'Ernst Zinn a établi, avec Ruth Sieber-Rilke la fille de l'auteur, pour les *Œuvres complètes* de Rilke. Celles-ci ont été publiées en six volumes chez Insel Verlag, de 1955 à 1966.

LES QUATRAINS VALAISANS

LES ROSES

186

Ce volume,
le cent vingt et unième de la collection Poésie,
a été achevé d'imprimer sur les presses
de l'imprimerie Bussière à Saint-Amand (Cher),
le 26 août 1992.
Dépôt légal : août 1992.
1ᵉʳ dépôt légal dans la collection : février 1978.
Numéro d'imprimeur : 2316.

ISBN 2-07-032165-7./Imprimé en France.